PHARAMOND

Opéra en trois actes.

Poëme :

MM. ANCELOT, GUIRAUD, A. SOUMET.

Musique :

MM. BOYELDIEU, BERTON, KREUTZER.

Ballets :

M. GARDEL.

Décorations.

M. CICERI.

Juin
M DCCC XXV.

PHARAMOND

REPRÉSENTÉ SUR LE THÉATRE
de l'Académie Royale de Musique.

PARIS

BAUDOUIN FRÈRES, ÉDITEURS.
Urbain Canel, Libraire.

Imprimerie de F. Tastu.

PROGRAMME

DES DANSES DU SECOND ACTE

(SCÈNE SEPTIÈME).

PAR M. GARDEL.

CHOEUR.

Il est composé de Francs, Gaulois, etc. Il est dansé par MM. Montessu, Simon et Crombé, alternativement avec les corps de ballet, hommes et femmes.

N° I.

PAS DU GUI SACRÉ.

De jeunes Gauloises, à la tête desquelles se trouvent Mlles Marinette, Brocard 1re, Vigneron et Bertrand 1re, arrivent successivement. Elles tiennent chacune d'une main une branche du *gui sacré*, et de l'autre une couronne de fleurs, qui doit servir à couronner les Gaulois lorsqu'ils marchent aux combats. Elles présentent l'une et l'autre à Pharamond et à Orovèze, et forment ensuite des groupes variés. Au milieu de l'un d'eux, un jeune Gaulois (M. Ferdinand) se trouve enveloppé. La musique change de mode, et sur un mouvement léger il forme des pas brillans pour animer ces jeunes filles. Elles l'imitent. Le jeune homme danse tour-à-tour avec chacune d'elles, et ils finissent ensemble par un nouveau groupe.

N° II.

PAS DE MM. COULON, MONTJOYE, ET DE Mmes ELIE ET HULLIN.

Un guerrier arrive; sa danse est ferme et vigoureuse. Sa femme le suit des yeux, lorsqu'une jeune et légère Gauloise vient et cherche à attirer les regards du guerrier par des pas agréables : il la poursuit; mais, voyant sa femme danser avec un jeune Gaulois, il s'arrête. Il s'approche de sa femme, le jeune Gaulois reprend la sienne, et là s'enchaîne un pas de quatre, de deux caractères, dont l'un est noble et fier, et l'autre gracieux et léger.

N° III.

PAS DE Mmes ANATOLE, NOBLET ET JULIA.

Ces trois belles Gauloises forment des groupes séduisans et voluptueux. Elles enlacent des guirlandes de fleurs qu'elles vont déposer auprès de Pharamond et d'Orovèze, et dansent ensuite un pas noble, gracieux et léger.

N° IV.

PAS DE M. PAUL, DE Mme MONTESSU ET DE Mlle LEGALLOIS.

Un guerrier intrépide se présente, cherchant de tous côtés une femme pour danser avec lui; personne ne paraissant, il forme des pas pleins d'audace et de force. Une jeune personne vient l'engager à danser avec elle. Il accepte, mais elle lui fait entendre qu'il s'élance avec trop de fougue; elle le prie de la regarder. Alors elle bondit d'une manière vive, légère et brillante, et elle désire qu'il veuille l'imiter; mais la danse du guerrier conserve son premier caractère. Une autre jeune Gauloise arrive et cherche à le séduire par des gestes gracieux et par une danse noble et élégante. Ces deux Gauloises se réunissent. Elles dansent ensemble, en conservant chacune sa manière, et vont prier le guerrier de se modérer un peu. Mais il les effraie par un éblouissant tourbillon. La jeune personne l'arrête et lui fait voir une danse plus vive et plus énergique, et renouvelle ses prières. Le jeune guerrier tente de l'imiter : il y parvient un moment; mais bientôt sa fougue l'emporte : il n'en devient que plus terrible. Plusieurs essais infructueux se succèdent; enfin les deux Gauloises cherchent à danser comme le jeune guerrier; mais sentant bientôt leurs forces les trahir, elles partent chacune de son côté, et le guerrier, voyant le champ libre, prouve encore, avant de le quitter, qu'il n'a rien perdu de sa mâle vigueur.

PERSONNAGES DANSANS.

ACTE SECOND.

VIERGES ET DRUIDESSES.

Mlles Maillet, Lecomte, Leclerc, Pasdeloup, Chanez, Saulnier.

PEUPLE GAULOIS.

MM. Montessu, Simon, Crombé.
MM. Petit, L. Petit, Desplaces, Galais, Romain, Faucher, Pecqueux, Cornet.

GUERRIERS FRANCS.

MM. Seuriot, Pillain, Godefroi, Élie, Rivière, Alerme, l'Enfant 1er, L'Enfant 2e.

JEUNES GAULOISES PORTANT DES BRANCHES DE GUI ET DES COURONNES DE FLEURS.

Mlles Marinette.
Pérès, Lemonnier, Tompson, Rouge.

Mlles Brocard.
Montjoye, Gosselin, Nadercor, Brocard, 2e.

Mlles Vigneron.
Joly, Baudesson, Bassompierre, Péan.

Mlles Bertrand 1re.
Athalie, Hullin 2e, Coupotte, Campan.

PEUPLE GAULOIS.

MM. Ferdinand, Coulon.
Mmes Élie, Hullin 1re, Montessu, Legallois.

GUERRIERS.

MM. Paul, Montjoie.

NOBLES GAULOISES.

Mmes Anatole, Noblet, Julia.

ACTE TROISIÈME.

JEUNES GAULOISES.

Mlles Pérès, Lemonnier, Tompson, Rouge, Joly, Baudesson, Bassompierre, Péan, Athalie, Hullin 2e, Coupotte, Campan.

GUERRIERS FRANCS.

M. Gosselin.
Les huit mêmes figurans du 2e acte.

GUERRIERS GAULOIS.

MM. Coulon, Barrez.
Les huit figurans gaulois du 2e acte.

GUERRIÈRES.

Mlles Lacroix.
Aline, Beaupré, D'Armancourt, Lacroix.

Mlles Buron.
Montjoye, Gosselin, Nadercor, Brocard 2e.

NOBLES GAULOIS.

M. Paul, Mmes Anatole, Legallois.

PEUPLE.

MM. Callauld, Frémole, Dejazet, Ragaine, Chatillon, Kaiffer, Finard, Richard.

Mlles Aline 2e, Leroux, Keppler, Picot, Puech, Trotin, Lamotte, Croisette.

MÈRES.

Mlles MAILLET, Leclerc, Lecomte, Pasdeloup.

LEURS ENFANS.

MM. Paul, Roland, Mlles Larchet, Cottereau, Albertine, Fitzjames Delamone.

Quatre divisions de soldats francs.
Quatre divisions de Gaulois.
Douze bardes et scaldes.

PHARAMOND

Opéra en trois actes.

PERSONNAGES.

PHARAMOND, chef des Francs.	MM.	DERIVIS.
OROVÈZE, chef des Druides.		PREVOST.
CLODION, fils de Pharamond.		AD. NOURRIT.
THÉOMIR, fils d'Orovèze.		DABADIE.
ROMUALD, guerrier gaulois.		FERD. PREVOST.
LE CHEF DES GAULOIS.		HENNEKINDT.
UN BARDE.		LAFONT.
UN SCALDE.		BONNEL.
PHÉDORA, fille d'Orovèze.	Mmes	GRASSARI.
ISULE, jeune Gauloise.		JAWURECK.
L'ANGE DE LA FRANCE.		DABADIE.

Druides.

Guerriers francs.

Guerriers gaulois.

Peuple.

Druidesses.

Jeunes Gauloises.

PHARAMOND,

OPÉRA EN 3 ACTES.

ACTE PREMIER.

Le Théâtre représente les bords de la Seine; on aperçoit sur l'un des côtés l'entrée d'une forêt, et, dans le fond, le mont de Mars ou des Martyrs (Montmartre) et les tours naissantes de Parisis. Le Théâtre est, pendant les deux premières scènes, éclairé par la lune.

SCÈNE I.

PHÉDORA, ISULE, CHOEUR DE JEUNES FILLES.

Ensemble.

CHOEUR.

Astre immortel qui, perçant la nuit sombre,
Lances tes feux sur nos champs argentés,
Chaste Hélanus, guide nos pas dans l'ombre,
Répands sur nous tes célestes clartés!

PHÉDORA.

Astre immortel qui, perçant la nuit sombre,
Lances tes feux sur nos champs argentés,
Chaste Hélanus, n'éclaire pas son ombre,
Voile pour moi tes célestes clartés!

1

CHOEUR.

De la forêt parcourons l'étendue ;
Daigne, Irminsul, nous protéger encor !
Le gui sacré, promis à ta statue,
Va-t-il tomber sous la faucille d'or ?

PHÉDORA.

Les feux naissans du jour, descendus des montagnes,
Vont bientôt de la nuit chasser l'ombre et la paix ;
Irminsul vous appelle, ô mes jeunes compagnes,
Cherchez le gui sacré sous ce feuillage épais.

Ensemble.

CHOEUR (*en s'éloignant*).

Astre immortel qui, perçant la nuit sombre,
Lances tes feux sur nos champs argentés,
Chaste Hélanus, guide nos pas dans l'ombre,
Répands sur nous tes célestes clartés !

PHÉDORA.

Astre immortel qui, perçant la nuit sombre,
Lances tes feux sur nos champs argentés,
Chaste Hélanus, n'éclaire pas son ombre,
Voile pour moi tes célestes clartés !

SCÈNE II.

PHÉDORA, ISULE.

ISULE.

Quoi ! lorsque de nos dieux se prépare la fête,
Loin de nous, Phédora, quel nouveau soin t'arrête ?
Dans la forêt sacrée, où s'engagent nos pas,
Tes devoirs et ton nom ne t'appellent-ils pas ?

PHÉDORA.

Je le sais.

ISULE.

Égarés vers la rive prochaine,
Tes regards inquiets se détournent de moi :
Pourquoi baisser les yeux et me cacher ta peine ?
Je veux sécher tes pleurs, ou pleurer avec toi.

PHÉDORA.

Ah ! mon cœur a long-temps joui d'un sort prospère,
Et l'espoir à mes yeux colorait l'avenir ;
Mais j'offense nos lois ; le ciel doit m'en punir,
Et déjà je rougis au seul nom de mon père !

ISULE.

Toi, rougir ! qu'as-tu dit ? Tu me glaces d'effroi ?

PHÉDORA.

O ma compagne, écoute et juge-moi !

Romance.

PREMIER COUPLET.

Un jour, le front couronné de verveine,
Frappant l'écho de mes chants inspirés,
Je m'égarais sur les bords de la Seine
Qui, près d'ici, roule ses flots sacrés :
Un étranger vers moi s'avance,
De nos dieux j'implore l'appui !...
Mais il tremblait en ma présence !
Hélas ! je tremblais plus que lui !

DEUXIÈME COUPLET.

Je devais fuir ! sa voix était si tendre !
Mes yeux, hélas ! rencontrèrent ses yeux ;
En rougissant je restai pour l'entendre,
Et j'oubliai ma patrie et mes dieux !

Hier, guidé par l'espérance,
Il m'a revue!... Et quand j'ai fui,
Il m'accusait de sa souffrance!...
Hélas! je souffrais plus que lui.

***

ISULE.

Est-ce un de ces héros qui, conduits par la guerre,
Sur nos fertiles bords sont descendus naguère?

PHÉDORA.

C'est le fils de leur chef.

ISULE.

De Pharamond, grands dieux!

PHÉDORA.

Je l'attends en ces lieux.

Duo.

ISULE.

Oh ciel! qu'ai-je entendu? Quand c'est toi qui nous guides,
En ce jour solennel qui doit combler nos vœux;
Quand ton père Orovèze est chef de nos Druides,
Oses-tu te livrer à de coupables feux?

C'est en vain que ton cœur espère;
De ton amour redoute le danger!
Notre loi défend à ton père
D'unir son sang au sang de l'étranger.

PHÉDORA.

C'est en vain que mon cœur espère;
De mon amour je connais le danger:
Notre loi défend à mon père
D'unir son sang au sang de l'étranger.

***

PHÉDORA.

Avant que le soleil ait doré nos campagnes,
Clodion doit ici recevoir mes adieux :
Dérobe ma faiblesse à mes jeunes compagnes !

ISULE.

Crois-tu la dérober aux regards de nos dieux ?
Ah ! pour un étranger ton amour les offense.

PHÉDORA.

Oui, je veux dans son cœur éteindre l'espérance ;
Pour la dernière fois laisse-moi le revoir !
Qu'il ignore mon nom et jusqu'à ma souffrance !
Malheureuse ! le ciel m'a tracé mon devoir.
Le voici.... Sur ces flots le vois-tu qui s'avance ?

ISULE.

Souviens-toi de ton père, et songe à notre loi.

PHÉDORA.

Ne m'abandonne pas !

ISULE.

Je veillerai sur toi !

(*Isule s'éloigne.*)

PHÉDORA.

Je l'aperçois !.... O vous, que ma faiblesse outrage,
Dieux tout-puissans, soutenez mon courage !

SCÈNE III.

PHÉDORA, CLODION.

CLODION.

C'est elle! ah! de ces lieux ne vous éloignez pas,
Que ma voix un moment enchaîne ici vos pas!

Duo.

CLODION.

De ces climats heureux, déité tutélaire!
Depuis que ces bords écartés
Vous ont offerte à mes yeux enchantés,
Je ne suis plus le même, un nouveau jour m'éclaire;
Depuis que ces bords écartés
Vous ont offerte à mes yeux enchantés.

PHÉDORA.

(*A part.*)
Ah! comment résister à cette voix si tendre,
Comment lui dérober le trouble de mon cœur!
(*Haut.*)
Fuyez-moi pour toujours, je ne puis vous entendre;
Près de moi, vainement, vous cherchez le bonheur.

CLODION.

O ciel! qu'entends-je! et quel est ce mystère?
Qui peut donc en ce jour me défendre l'espoir?

PHÉDORA.

Vous me pressez en vain; je veux..... je dois me taire,
En restant près de vous je trahis mon devoir.

Ensemble.

CLODION.	PHÉDORA.
Dieux cruels qui lisez dans son ame,	Dieux cruels qui lisez dans mon ame,
Est-ce vous qui causez ses douleurs?	Vous voyez mes soupirs, mes douleurs!
Elle tremble et résiste à ma flamme.	Je combats pour éteindre ma flamme;
Quel est donc le sujet de ses pleurs?	Ah! daignez pardonner à mes pleurs.

CLODION.

Daignez combler mon espérance,
Hélas! pourquoi me repousser?
Ce jour est un jour d'alliance,
Et l'amour doit la commencer.
Vous détournez les yeux!

PHÉDORA.

Je frémis! si mon père.....

CLODION.

Rassurez-vous! d'un regard tutélaire,
Un Gaulois, un ami..... Théomir...

PHÉDORA (*à part*).

Ciel! mon frère!

(*Haut.*)
Non, non, je ne dois plus vous voir.

CLODION.

Que son amitié vous rassure.

PHÉDORA.

Son nom m'a rendue au devoir.

CLODION.

Demeurez, je vous en conjure.

PHÉDORA.

Adieu... c'en est fait!

CLODION.

Arrêtez.

PHÉDORA.

Écoutez !

CHOEUR (*dans la coulisse*).

Astre immortel, qui perçant la nuit sombre,
Lances tes feux sur nos champs argentés,
Chaste Hélanus, guide nos pas dans l'ombre,
Répands sur nous tes célestes clartés !

PHÉDORA.

Entendez-vous cette voix qui m'appelle ?
Elle a retenti dans mon cœur,
C'est trop long-temps être rebelle,
J'abjure une fatale erreur.

CLODION (*à part*).

Quelle est cette voix qui l'appelle ;
D'où lui vient cet effroi ?

ISULE (*dans la coulisse*).

Souviens-toi de ton père et songe à notre loi !

CLODION, PHÉDORA (*ensemble*).

Quel trouble je sens dans mon ame !
Je n'éprouvai jamais ces sentimens confus ;
Je ne sais quel pouvoir et m'agite et m'enflamme,
Je gémis, je m'égare et ne me connais plus.

CLODION.

O toi qui règnes sur ma vie,
A tes jours mes jours sont liés :
Non, tu ne peux m'être ravie,
Vois l'amant le plus tendre expirer à tes pieds.

Ensemble.

Quel trouble je sens dans mon ame !
Je n'éprouvai jamais ces sentimens confus ;
Je ne sais quel pouvoir et m'agite et m'enflamme,
Je gémis, je m'égare et ne me connais plus.

(Phédora sort dans le plus grand trouble.)

SCÈNE IV.

CLODION (*seul*).

C'en est fait, malheureux! dans la forêt sacrée
Un invincible effroi précipite ses pas;
Les dieux armés m'en défendent l'entrée,
Et peut-être mes yeux ne la reverront pas!

SCÈNE V.

CLODION, THÉOMIR.

CLODION.

On vient.... Ah! près de moi l'amitié te ramène,
Cher Théomir!

THÉOMIR.

J'ai su respecter ton secret;
Mais de la colline prochaine
Les premiers feux du jour ont doré le sommet :
Orovèze, mon père, et nos sages druides
Vont sortir à l'instant de ce bois redouté,
Où se cache des dieux la sombre majesté.
Ton père, accompagné de ses Francs intrépides,
D'une heureuse alliance apporte le traité ;
Et c'est ici qu'il doit être écouté.
Mais que vois-je? et d'où naît le trouble de ton ame?

CLODION.

Hélas! elle m'a fui!

THÉOMIR.

Qu'entends-je! quels discours!

CLODION.

Je ne la verrai plus.

THÉOMIR.

La gloire te réclame,
Tu lui dois compte de tes jours;
Le fils de Pharamond me parle d'une femme!

Air.

C'est trop long-temps borner ton belliqueux essor;
Que ton noble projet revive en ta mémoire!
Combattons les Romains, et sur sa harpe d'or
Quand le Barde inspiré chantera ta victoire,
Tu reviendras offrir, aux yeux de la beauté,
Un héros triomphant par la Gaule adopté
Et légitimé par la gloire.

CLODION.

Tu l'emportes! je cède aux conseils de l'honneur,
La victoire à l'amour peut rendre l'espérance;
Combattons pour ton peuple et pour sa délivrance,
Et que mon glaive assure mon bonheur!

Duo.

CLODION.

Ta voix, ô mon ami, m'éclaire et me console;
Jurons tous deux, jurons de vivre en nous aimant!
Et puissions-nous un jour répéter ce serment
Sur les débris du Capitole!

THÉOMIR.

La gloire nous promet un destin immortel;
Mon ame, pour jamais, est unie à la tienne;
Deux peuples vont peut-être, en ce jour solennel,
Former devant les dieux un lien fraternel;
Que notre amitié les prévienne.

CLODION.

Oui, que ces anneaux d'or, échangés par nos mains,
Soient les garans sacrés du nœud qui nous rassemble;
Nous tomberons unis, ou nous vaincrons ensemble;
Amitié pour la vie, et meurent les Romains!

Ensemble.

Oui, la voix d'un ami nous guide et nous console:
Jurons tous deux, jurons de vivre en nous aimant!
Et puissions-nous un jour répéter ce serment
Sur les débris du Capitole!

❖❖❖

THÉOMIR.

Mon père et Pharamond s'offrent à mes regards:
Le peuple en foule accourt de toutes parts,
Il se presse autour d'eux.

CLODION.

D'une heureuse alliance
J'entrevois la douce espérance;
La gloire va bientôt unir nos étendards.

SCÈNE VI.

CLODION, THÉOMIR, PHARAMOND, OROVÈZE,
DRUIDES, GAULOIS, GUERRIERS FRANCS ET GAULOIS.

Ensemble.

CHOEUR.

THÉOMIR, OROVÈZE, DRUIDES, PEUPLE ET GUERRIERS GAULOIS.

Que l'espoir en nos cœurs se ranime!
Aujourd'hui des héros étrangers,
Lorsque Rome en nos champs nous opprime,
Vont se joindre à nos dangers.

CLODION, PHARAMOND, GUERRIERS FRANCS.

Que l'espoir en vos cœurs se ranime!
Nos soldats ne sont point étrangers;
Et quand Rome en vos champs vous opprime,
Ils adoptent vos dangers.

***

PHARAMOND.

Peuple gaulois, jadis aux forêts d'Hercinie,
Le sort jaloux exila vos aïeux,
Et de vos champs la liberté bannie
Vers ces âpres climats s'est enfuie avec eux;
Mais aujourd'hui leurs fils, à vos malheurs fidèles,
Reviennent sur ces bords, toujours chers à leurs cœurs,
Offrir à vos périls leurs armes fraternelles;
Marchons unis, et nous serons vainqueurs!

Air.

Gaulois, sur des plages lointaines,
Toujours libres, les guerriers francs
Réveillés au bruit de vos chaînes,
Viennent renverser vos tyrans :
Planant sur la Gaule flétrie,
L'aigle romain nous sépara ;
Ne pleurez plus votre patrie,
La victoire vous la rendra!

❖❖❖

Gaulois, je suis ici par les ordres des dieux!
Naguère, en nos forêts, un esprit de lumière
Agitant dans ses mains une blanche bannière,
M'apparut, et son vol m'a conduit en ces lieux!

OROVÈZE.

Tu promets aux Gaulois la fin de leurs alarmes
Quand Rome les appelle à de nouveaux combats;
Mais ces chefs, ces guerriers, accourus sur tes pas,
Nous parlent d'alliance appuyés sur leurs armes :
Voudront-ils jurer tous de respecter nos lois?

PHARAMOND.

Que ton fils et le mien se rendent sous leur tente :
Tu les verras bientôt, réunis aux Gaulois,
Se ranger près de nous, et remplir ton attente.

CLODION.

Ah! je bénis ce choix, le ciel vous l'inspira :
Toi que l'honneur a fait mon frère,
Nous allons resserrer cette amitié si chère!
Marchons! au cœur des Francs sa voix retentira!

(Théomir et Clodion sortent en se tenant embrassés.)

SCÈNE VII.

PHARAMOND, OROVÈZE, DRUIDES, GAULOIS, FRANCS.

PHARAMOND.

Avec transport mon œil contemple
Les nœuds qu'ils viennent de former;
Peuple gaulois, à leur exemple
Jurons ici de nous aimer.

CHOEUR DE JEUNES FILLES (*dans la coulisse*).

Honneur à la vierge sacrée!

OROVÈZE.

Qu'ai-je entendu?

SCÈNE VIII.

LES MÊMES, PHÉDORA, ISULE, CHOEUR DE JEUNES FILLES.

(*Phédora tient à la main le gui sacré qu'elle remet à son père.*)

PHÉDORA.

Les Dieux à ma faucille d'or
Du rameau prophétique ont livré le trésor!

OROVÈZE.

Ma fille! Phédora! faveur inespérée!
Les dieux daignent nous protéger;
Pour dicter leurs arrêts ils ont choisi ma fille;
O toi l'honneur de ma famille,
Sur nos destins futurs je viens t'interroger!
Son sein palpite, son œil brille,
Dans le sombre avenir il semble se plonger.

CHOEUR GÉNÉRAL.

Son sein palpite, son œil brille,
Dans le sombre avenir il semble se plonger!

PHÉDORA.

Ecoutez! c'est un dieu qui m'agite et m'inspire!
Et des temps devant moi le voile se déchire.

Deux peuples sont unis! Un nouveau jour a lui!
Je vois du sang romain la Gaule fécondée.
De nos champs consolés l'aigle oppresseur a fui!
La terre admire et la France est fondée!

Oui, je la vois cette France immortelle,
Un casque au front, des palmes dans la main,
Elle a paru! le colosse romain
En frémissant est tombé devant elle:
Le monde est plein de ses travaux guerriers,
Il la contemple et l'honore en silence,
Et saisissant le théorbe ou la lance,
Elle est partout où croissent des lauriers.

CHOEUR.

Respectons son délire:
C'est un dieu qui l'inspire.
Il commande à ses sens,
Ecoutons ses accens.

PHÉDORA.

France chère au génie et chère à la victoire,
Les peuples enchantés s'éclairent à ta voix;
Marche toujours sous le sceptre des rois,
Tu leur devras ton bonheur et ta gloire.

Mais que vois-je? à mes yeux quel nuage sanglant
De funèbres vapeurs tout-à-coup l'environne?
Belle France, tu perds ta brillante couronne,
Et l'univers te combat en tremblant!

Séchons nos pleurs : si durant la tempête,
Le noble lys sous les vents s'est courbé;
Il a fléchi, mais il n'est point tombé :
L'orage fuit, il relève sa tête!
Comme le lys penchant vers le tombeau,
France, ta tête un moment s'est baissée....
Mais tu renais! de ta gloire éclipsée
Un fils des rois rallume le flambeau!

Peuples, unissez-vous! un nouveau jour a lui, etc.

PHARAMOND.

Vous l'entendez, le ciel, qui parle par sa voix,
Unit dans l'avenir les Francs et les Gaulois!

OROVÈZE.

Eh bien, voici le jour où la Gaule fidèle
Célèbre de nos dieux la fête solennelle;
Que tes chefs, tes soldats, auprès de nous admis,
Devant leur puissance immortelle
Inclinent leurs lauriers et leurs glaives soumis!

PHÉDORA (*à part*).

Clodion! quel espoir à mon cœur se révèle!

OROVÈZE.

Peuple, une prêtresse nouvelle
Va présider à nos engagemens :
Oui, ma fille à nos dieux offrira nos sermens.

PHÉDORA.

O ciel!

OROVÈZE.

J'en crois le dieu qui t'appelle et m'éclaire:
Grand Dieu, dont la main tutélaire
D'une double faveur vient d'honorer ses jours,
Adopte ma fille chérie;
Ton temple sera sa patrie,
Tu seras ses seules amours!
Phédora, prépare ton ame;
Détourne tes regards des profanes mortels :
Attends avec respect que ma voix te réclame
Pour enchaîner ta vie au pied des saints autels!

PHÉDORA (*à part*).

O désespoir! quand un dieu me réclame,
Je porte un feu coupable au pied de ses autels!

CHOEUR GÉNÉRAL.

Recevez-la, grands dieux, au pied de vos autels!
Le ciel nous rend une patrie,
Ce grand jour va nous réunir;
Et nos glaives, terre chérie,
Te répondront de l'avenir.

PHARAMOND.

D'une belle patrie acceptons l'espérance!
A l'autel du serment, prêtres, guidez nos pas!
Les oracles divins nous promettent la France.

CHOEUR GÉNÉRAL.

La France!

PHARAMOND.

Que ce nom nous rallie au milieu des combats!

PHARAMOND, OROVÈZE, DRUIDES, GUERRIERS FRANCS ET GAULOIS.

Les oracles divins nous promettent la France :
Que ce nom { vous / nous } rallie au milieu des combats!

PHÉDORA (*à part*).

O douleur! c'en est fait, pour moi plus d'espérance!
(*à Isule.*)
Toi, qui lis dans mon cœur, ne m'abandonne pas!

ISULE.

Phédora, c'en est fait! Pour toi plus d'espérance!
Dieu, qui lis dans son cœur, ne l'abandonne pas.

ACTE DEUXIÈME.

✤✤✤✤✤

Le Théâtre représente une vaste enceinte marquée par des piliers druidiques. A gauche, sur un léger monticule on voit la pierre du serment, et du même côté se présente l'entrée du bois sacré.

✤✤✤✤✤

SCÈNE I.

PHÉDORA (*seule*).

Où fuirai-je ? en quels lieux porter mon désespoir ?
En quels vœux criminels s'égare ma pensée ?
Clodion ! Clodion ! faut-il que mon devoir
Cède à ton souvenir dans mon ame insensée ?

Et toi qui me retiens en tes sombres forêts,
Qui vois de tous mes sens le trouble involontaire,
Dieu, qui de mon amour connais seul le mystère,
Étouffe dans mon sein de coupables regrets,
Ou touche le cœur de mon père.

Hélas ! il vient déjà réclamer mon serment.

SCÈNE II.

OROVÈZE, PHÉDORA.

OROVÈZE.

Ton ame à son bonheur est-elle préparée ?
Tes vœux, comme les miens, hâtent-ils le moment
Où du monde, à jamais, tu seras séparée ?

PHÉDORA (*à part*).

Ah! mon cœur, malgré moi, frémit d'un tel bonheur.

OROVÈZE.

Que dis-tu? juste ciel! d'où naissent tes alarmes?
Sur tes traits altérés pourquoi cette pâleur?
Et ces yeux tout noyés de larmes?
Est-ce ainsi que du dieu tu bénis la faveur?

PHÉDORA.

La seule faveur que j'implore
Est de mourir à vos genoux.

OROVÈZE.

Quel est donc ce secret, ce crime que j'ignore,
Et dont la seule idée enflamme mon courroux?

PHÉDORA.

Ne me maudissez pas; j'embrasse vos genoux.
Hélas! un amour sacrilége
Consume en secret tout mon cœur.
Mais le ciel sera sans rigueur,
Si votre pitié me protége.

OROVÈZE.

Se peut-il!

PHÉDORA.

Grâce! calmez-vous!
Grâce! je meurs à vos genoux.

OROVÈZE.

Espères-tu, fille rebelle,
Que le ciel irrité pardonne à ton forfait?

PHÉDORA.

Si vous me pardonnez, je l'espère en effet.
Le ciel ne dément pas la bonté paternelle.

OROVÈZE.

Nomme, nomme l'audacieux
Dont l'insolent amour profane ma famille.

PHÉDORA.

Hélas! il ne sait pas que je suis votre fille.

OROVÈZE.

N'importe : il périra, j'en atteste les dieux.
Frémis, frémis, jeune insensée :
Tu cacheras en vain son nom :
Les prêtres d'Irminsul lisent dans la pensée;
A punir les forfaits leur vengeance empressée,
Tient la hache toujours dressée,
Et leur justice est sans pardon.

PHÉDORA.

Arrêtez : c'en est trop : à votre ordre suprême,
Mon père, je me rends.
Oui, des malheurs trop grands
Menacent ce que j'aime.
Arrêtez : c'en est trop; mon père, je me rends.

OROVÈZE.

Dans ton ame infidelle
Jures-tu d'étouffer
Ta flamme criminelle?

PHÉDORA.

Je promets de lutter contr'elle,
Et c'est aux Dieux d'en triompher.

OROVÈZE.	PHÉDORA.
Oui, les dieux aideront ta faiblesse,	Dieux puissans soutenez ma faiblesse,
Implorons leurs secours immortels :	Prêtez-moi vos secours immortels;
Je suis fier de vouer ta jeunesse	Je saurai dévouer ma jeunesse
A l'honneur de servir leurs autels.	A l'honneur de servir vos autels.

OROVÈZE.

Les jeunes filles de ton âge
Viennent à ton bonheur rendre un dernier hommage.

PHÉDORA.

Les voici : retenons mes pleurs.

SCÈNE III.

OROVÈZE, PHÉDORA, CHOEUR DE JEUNES GAULOISES.

PHÉDORA.

O de mes jeunes ans les compagnes fidelles,
Dont cette nuit encor je conduisais les chœurs,
Avec qui je tressais, aux fêtes solennelles,
La verveine odorante et le sélage en fleurs,
Voici mes compagnes nouvelles;
Rapprochez-vous de moi, vous, mes premières sœurs.

(*Chœur de jeunes Druidesses sortant du bois sacré.*)

Choeur.

Nous te cherchons, jeune prêtresse ;
Dis au monde un dernier adieu.
Viens à l'ombre de notre Dieu
Partager notre sainte ivresse.
Dis au monde un dernier adieu.

PHÉDORA (*aux jeunes Gauloises.*)

Adieu, compagnes de l'enfance,
Vous qui vîtes mes plus beaux jours,
Le moment solennel s'avance.
Adieu, tout ce que j'aime, hélas ! et pour toujours.

Vous serez épouses et mères :
Voilà mon beau collier et mes bracelets d'or :
Parez-vous de ces dons durant les jours prospères ;
La Gaule a des guerriers à qui vous êtes chères,
Vous pouvez à leurs yeux être belles encor.

CHOEUR.

DRUIDESSES.	GAULOISES.
Nous te cherchons, jeune prêtresse.	Honneur à la jeune prêtresse
Dis au monde un dernier adieu :	Promise au culte de nos dieux !
Viens à l'ombre de notre Dieu	Honneur ! Que son nom glorieux
Partager notre sainte ivresse.	Se mêle à nos chants d'allégresse.

PHÉDORA (*à part*).

Mon cœur, à son destin, se livre en frémissant.

(*S'inclinant devant son père.*)

Eh bien ! bénissez votre fille.

OROVÈZE.

Gloire de mes vieux jours, honneur de ma famille,
Je te bénis en t'embrassant.

CHOEUR.

DRUIDESSES.

Viens à l'autel, jeune prêtresse,
Dis au monde un dernier adieu.

GAULOISES.

Honneur à toi, jeune prêtresse !
Reçois notre dernier adieu.

OROVÈZE.

Objet de ma vive tendresse,
Je te remets aux mains de Dieu.

PHÉDORA (*à part*).

Unique objet de ma tendresse,
Je te fais mon dernier adieu.

(*Les Druidesses emmènent Phédora dans le bois sacré et les Gauloises se retirent de l'autre côté.*)

SCÈNE IV.

OROVÈZE (*seul*).

Maîtrisons mon ame attendrie ;
Mon devoir maintenant me rend à ma patrie.
Voici de nos vieillards, le conseil souverain ;
L'orgueilleux étranger au milieu d'eux s'avance ;
Observons ses discours, et que notre prudence
Pénètre de son cœur le plus secret dessein.

(*Les vieillards et Pharamond entrent.*)

SCÈNE V.

LES VIEILLARDS, OROVÈZE, PHARAMOND.

PHARAMOND.

Oui, vieillards, d'un soldat croyez-en l'assurance ;
Et que notre union fonde à jamais la France.
Mes peuples, descendus des Gaulois belliqueux,
N'ont plus qu'un seul désir, c'est de vaincre avec eux.
Bientôt nos envoyés vous le feront connaître ;
On m'apprend leur retour, et je les vois paraître.

SCÈNE VI.

LES MÊMES, CLODION ET THÉOMIR.

OROVÈZE.

Rendez compte au peuple gaulois
Du succès de votre message.

CLODION ET THÉOMIR (*ensemble*).

Du plus heureux accord tout offre le présage ;
Les Francs respecteront votre culte et vos lois :
Aux Romains seulement cet accord porte ombrage,
Et déjà de le rompre ils ont conçu l'espoir.
Mais de leurs légions méprisons le pouvoir ;
Si le nombre est pour eux, nous avons le courage,
Et le péril commun marque notre devoir.

OROVÈZE.

Jeunes guerriers, le conseil vous rend grâce,
Et sur votre message il va délibérer.

THÉOMIR (*à Clodion.*)

Ami, retirons-nous.

PHARAMOND (*retenant son fils*).

Non, tu peux demeurer.
Sa prudence, vieillards, égale son audace ;
Par de sages conseils il peut nous éclairer,
Et le ciel, près de moi, marque à jamais sa place.

Air.

Peuples, avec orgueil, je vous montre mon fils :
Votre attente par lui ne sera pas trompée,
Et les chefs du conseil honorent ses avis,
Comme nos soldats son épée.

De ses premiers exploits son père satisfait,
A lui désormais se confie ;

Dans tout ce qu'il promet le ciel le justifie ;
Même pour les vaincus sa gloire est un bienfait,
Et son triomphe pacifie.

OROVÈZE.

La place qu'il réclame est due à ses exploits.

(*Clodion prend place parmi les vieillards.*)

Ainsi sur cette pierre antique et révérée,
Où ma fille à son dieu doit être consacrée,
Devant ce peuple entier qui s'assemble à ma voix,
Vous jurerez tous deux de respecter nos droits,
Et de nos rites saints la pompe vénérée?

PHARAMOND ET CLODION.

Nous jurerons tous deux de respecter vos droits,
Et de vos rites saints la pompe vénérée.

SCÈNE VII.

OROVÈZE, PHARAMOND, CLODION, THÉOMIR,
DRUIDES, BARDES, SCALDES, GUERRIERS FRANCS ET GAULOIS, FEMMES GAULOISES, PEUPLE.

(TOUT LE BALLET.)

OROVÈZE (*aux Gaulois*).

Hôtes d'un peuple ami, rendons-nous à ses vœux ;
Qu'il ait place en nos rangs, qu'il se mêle à nos fêtes.

(*Francs et Gaulois se donnent la main.*)

(*Aux Bardes.*)

Commencez maintenant, sublimes interprêtes ;
Vos harpes d'or sont-elles prêtes ?
C'est à vous de donner le signal de nos jeux.

PHARAMOND (*aux Scaldes*).

Scaldes, préparez-vous ; qu'en ce moment suprême
La mémoire du brave inspire vos accens.

CLODION (*bas à Théomir*).

Ami, je dois ici trouver celle que j'aime.

THÉOMIR.

Calme le trouble de tes sens.

CHOEUR DE BARDES ET DE SCALDES.

Francs et Gaulois, peuples de frères,
Unissez vos enfans, confondez vos drapeaux ;
Les dieux feront sortir de ces hymens prospères
Toute une race de héros.

(*On danse.*)

UN BARDE.

Notre patrie est la plus belle ;
Soyons enorgueillis, enfans des vieux Gaulois,
Et conservons d'un soin fidelle
Sa gloire, son culte et ses lois.

Les moissons parent nos campagnes ;
L'été mûrit nos fruits sous un ciel doux et pur,
Et les fleuves de nos montagnes
Roulent des sables d'or parmi leurs flots d'azur.
Nos pères vainement ont parcouru le monde ;
Absens de leur patrie, ils n'ont pu l'oublier ;
Car ils n'ont pas trouvé de terre aussi féconde,
Un peuple plus hospitalier.

UN SCALDE.

Nous avons, tour-à-tour, au Scythe, à l'Ibérie
Montré nos colliers d'or et nos panaches blancs ;
Notre tente est notre patrie,
Et nous nous reposons sur des drapeaux sanglans.

Tous nos trésors sont la rame et l'épée,
Notre amour, la victoire, et nos jeux, les combats ;
Et la lyre du Scalde est toujours occupée
Par la valeur de nos soldats.

UN BARDE.

Regardez, étrangers : c'est la fille des Gaules ;
Que votre cœur ému s'ouvre à ses doux accens :
Voyez se dérouler sur ses blanches épaules,
De ses cheveux dorés, les anneaux caressans.
On dit qu'elle possède un charme sympathique
Qui, mieux que la parole, apaise un long tourment ;
Que le printemps s'éveille à son appel magique,
Et que son seul regard est un enchantement.

UN SCALDE.

Dès qu'il s'est acquitté de la rançon du brave,
Le Sicambre à la gloire ouvre son jeune cœur ;
Il périt au combat, mais n'en sort point esclave :
Son visage de mort est terrible au vainqueur.
Son amante le pleure avec des chants de fête ;
Ou, lorsqu'un beau succès couronne son destin,
Elle marche après lui, rapportant sur sa tête,
Dans un grand bouclier sa moisson de butin.

CHOEUR GÉNÉRAL.

Francs et Gaulois, peuples de frères
Unissez vos enfans, confondez vos drapeaux ;
Les dieux feront sortir de ces hymens prospères
Toute une race de héros.

(*La fête commence, les guerriers francs mêlent leurs danses à celles du peuple gaulois; après le ballet, Orovèze se lève et s'avance au milieu du peuple.*)

OROVÈZE.

Peuples, cessez vos chants, la jeune Phédora
S'avance pour le sacrifice ;
Et le don de ses jours rendra le ciel propice
Au serment solennel qui nous réunira.

(*Les Druides et Druidesses sortent du bois sacré, entourent Phédora voilée, et viennent se placer autour de la pierre du serment.*)

CLODION (*à Théomir*).

Quelle est cette vierge voilée ?
Ami, son seul aspect fait palpiter mon cœur.

THÉOMIR.

Ami, cette vierge est ma sœur.

OROVÈZE.

Ma fille !

PHÉDORA.

Me voilà.

CLODION.

Que sa voix est troublée !

(*Orovèze est à côté de l'autel, Phédora est inclinée devant lui, le peuple est attentif.*)

OROVÈZE (*à Phédora*).

Que ton cœur vers le ciel prenne un sublime essor,
Irminsul t'apprendra ses plus secrets mystères.
(*Aux Druidesses.*)
Attachez la couronne à ses voiles austères,
Et pour cueillir, pieds nus, les plantes salutaires,
Donnez-lui sa faucille d'or.

(*On relève le voile de Phédora pour attacher la guirlande de Verveine.*)

CLODION.

Juste ciel ! la voilà !

THÉOMIR.

Dieux !

CLODION.

La voilà, te dis-je !

THÉOMIR.

Tes regards abusés...

CLODION.

Ce n'est point un prestige ;
C'est elle.

THÉOMIR.

Eh bien ! reçois son éternel adieu.

PHÉDORA (*émue*).

O toi qui m'as choisie, accepte mon hommage ;
Dieu, remplis tout mon cœur.....

CLODION (*s'élançant*).

Ce cœur est mon partage,
Ce cœur qui m'appartient ne peut être à ton Dieu.

THÉOMIR.

Malheureux !

PHÉDORA.

Quels accens !

PHARAMOND.

Clodion !

OROVÈZE.

Téméraire !
Est-ce là le respect à nos autels promis !

CLODION.

Au pouvoir de ton Dieu je saurai la soustraire,
Mon amour à vos lois ne s'est jamais soumis.

OROVÈZE.

Voilà donc les garans des traités qu'on espère !

PHARAMOND.

Vieillards, rassurez-vous ! mon fils, écoute-moi.
Ce que le Ciel ordonne est ma suprême loi :
Mon fils, je me confie à ton obéissance...

(*Aux Francs.*)

Vous, faites au besoin respecter ma puissance.
Et toi, dont son audace a troublé les sermens,
Vierge, achève à nos yeux tes saints engagemens.

OROVÈZE.

Viens consommer le sacrifice.

PHÉDORA (*tremblante*).

Eh bien, Dieu tout-puissant...

CLODION.

Phédora !

PHÉDORA.

Dieu propice...

CLODION.

Phédora !

PHÉDORA.

Je succombe à mon émotion.

OROVÈZE.

Achève...

PHÉDORA.

Il ne veut pas que mon vœu s'accomplisse ;
Et mon cœur égaré de son crime est complice ;
Oui, les vœux de mon cœur sont tous à Clodion.

CLODION.

Je bénis tant d'amour, et j'osais y prétendre.

PHARAMOND.

Dieux !

CLODION.

Prêtres et guerriers, vous daignerez m'entendre.
Théomir, de ton père embrasse les genoux.

OROVÈZE.

Théomir, viens, mon fils, te ranger parmi nous.

Quintetti.

ENSEMBLE.

OROVÈZE.

Dieu, que ma fille outrage,
Venge-toi, venge-nous de ces profanateurs !

PHÉDORA.

Dieu puissant que j'outrage,
Pardonne à mon amour, prends pitié de mes pleurs !

CLODION.

Compagnons qu'on outrage,
Entourons Phédora ; soyons ses protecteurs.

PHARAMOND.

Dieu que mon fils outrage,
Pardonne à son amour ses vœux profanateurs !

THÉOMIR.

Ton amour nous outrage ;
Ami, cherche à dompter tes coupables fureurs.

OROVÈZE.

Partez.

PHARAMOND.

Non, non.

OROVÈZE.

Fuyez.

FRANCS.

Jamais.

ENSEMBLE.

OROVÈZE.

Les dieux de ce rivage
Repoussent vos traités, vos sermens imposteurs.

PHÉDORA (*à Clodion*).

Fuis loin de ce rivage :
Clodion, ton amour doublerait nos malheurs.

CLODION (*à Phédora*).

Compte sur mon courage :
Je saurai t'affranchir de tes persécuteurs.

PHARAMOND.

Les dieux sur ce rivage
Ont fixé pour toujours nos destins voyageurs.

THÉOMIR (*à Clodion*).

Ami, sur ce rivage,
Songe qu'un même espoir a réuni nos cœurs.

***

OROVÈZE (*aux Druidesses*).

Entraînez la vierge infidelle :

CLODION.

Tremblez : vous me répondez d'elle.

(*On l'entraîne presque évanouie.*)

CHOEURS.

GAULOIS.	FRANCS.
Plus de paix, de traité :	Plus de paix, de traité ;
Repoussons les parjures.	Punissons leurs injures.
Irminsul irrité	Notre bras irrité
Vengera ses injures.	Est terrible aux parjures.

TOUS.

Non, non, plus de traité.

PHARAMOND.

Peuples, écoutez-moi.

CHOEUR.

Non, non, plus de traité.

(*Confusion générale.*)

PHARAMOND.

Scaldes, c'est à vous seuls de calmer ce délire.
Vous tous, chantres divins, saisissez votre lyre :
Que toutes ces fureurs tombent à votre voix.

(*Les Bardes et les Scaldes se présentent jouant de leurs harpes; ils se forment en carré; les peuples se divisent et se retirent devant eux.*)

GAULOIS.	FRANCS.
Des Bardes observons les lois.	Des Scaldes observons les lois.

PHARAMOND.

Peuples, vos pères et les nôtres
Terminaient en soldats leurs débats glorieux ;
Le glaive était leur juge, et je n'en veux point d'autres.
Que l'épreuve du fer décide sous vos yeux
Si nous devons fonder notre empire en ces lieux :
(*Montrant Clodion.*)
J'ai choisi dans mes rangs, choisissez dans les vôtres ;
Et laissons faire aux dieux.

CHOEUR.

C'est l'usage de nos pères :
Sachons le maintenir.

UN GAULOIS.

Mais qui de nous combattra pour ses frères?

UN AUTRE GAULOIS.

Moi.

D'AUTRES.

Nous tous!

CLODION.

Le plus brave.

GAULOIS.

Eh bien! c'est Théomir.

CLODION.

Théomir!

THÉOMIR.

Est-ce moi que votre choix désigne?

GAULOIS.

D'un tel honneur c'est le plus digne.

CLODION.

Ami, c'est un devoir.... nous saurons le remplir.
Ces nobles suffrages nous flattent :
Rendons-nous cet anneau par l'amitié transmis.

THÉOMIR.

Non, je garde l'anneau que ta main m'a remis,
Nous ne sommes pas ennemis;
Non, ce sont nos dieux qui combattent.

Duo.

CLODION ET THÉOMIR.

Que notre ame attendrie
Étouffe un vain regret en ces extrémités,
Entends-tu la patrie,
Qui nous crie :
Combattez.
Le combat.

PHARAMOND.

Le combat.

LE PEUPLE.

Le combat.

OROVÈZE.

Arrêtez!
D'épouvantables cris au loin se font entendre,
Un guerrier vient à nous à pas précipités :
C'est Romuald, ô ciel! que va-t-il nous apprendre!

ROMUALD.

Les Romains se sont présentés.

OROVÈZE.

Les Romains!

PHARAMOND.

Les Romains!

ROMUALD.

Déjà de tous côtés,
Leurs légions nous investissent :
D'un combat formidable ils dressent les apprêts;
Et la flamme en leurs mains menace nos forêts.
Francs et Gaulois, marchez.

PHARAMOND.

Marchons et qu'ils frémissent.

OROVÈZE.

Le ciel n'accepte pas de profanes amis.

PHARAMOND.

Nous verrons au combat si le ciel nous condamne :
Et si notre hache est profane
En abattant vos ennemis.
(*Aux deux champions.*)
Suspendez un débat qui n'est plus légitime :
Que d'autres ennemis tombent sous votre main,
Le ciel veut plus d'une victime;
Courez les immoler sous l'étendard romain.
Bardes, Scaldes, chantez.... et nous, partons soudain.

BARDES ET SCALDES.

Aux armes, peuples et guerriers!
Entendez-vous mugir les sept voix de la guerre!
Aux armes! Que le choc de vos grands boucliers
Retentisse comme un tonnerre.
Aux armes, peuples et guerriers!

GUERRIERS FRANCS (*détachant des armes des piliers druidiques*).

Dieux, cédez vos faisceaux à nos braves soldats :
Nous vous rapporterons de plus riches offrandes.

GUERRIERS GAULOIS (*recevant des couronnes des jeunes Gauloises*).

Vierges, sur notre front déposez ces guirlandes,
Chantez : nous allons aux combats.

CHOEUR.

PEUPLES, GUERRIERS, BARDES.	OROVÈZE ET LES DRUIDES.
Aux armes! peuples et guerriers.	Trompons l'espoir de ces guerriers.
Entendez-vous mugir les sept voix de la guerre?	Vengeons-nous! Que leur sang coule à flots sur la terre!
Aux armes! Que le choc de vos grands boucliers	Le ciel a proscrit leurs lauriers.
Retentisse comme un tonnerre!	Frappons à défaut du tonnerre.
Aux armes! peuples et guerriers.	Trompons l'espoir de ces guerriers.

(On entend tout-à-coup une harmonie céleste qui indique la présence du Génie.)

PHARAMOND (*les yeux vers le ciel*).

Je t'entends, esprit immortel,
Toi, qui m'as sur ces bords conduit à la victoire :
Compagnons, écoutez, ce sont des chants de gloire;
Marchons, confions-nous aux promesses du ciel.

CHOEUR GÉNÉRAL.

PEUPLES ET GUERRIERS.	DRUIDES.
Un dieu nous entraîne.	Suivons notre haine.
Que l'aigle romaine	Que l'aigle romaine
Tombe sous nos coups!	Plane encor sur nous!
Brisons notre chaîne,	Un dieu les entraîne;
Ou périssons tous.	Qu'ils périssent tous.

TOUS.

Tous.

(Les Guerriers francs et gaulois sortent pour aller combattre : Orovèze et les Druides rentrent dans le bois sacré.)

ACTE TROISIÈME.

Le Théâtre représente l'intérieur de la forêt sacrée ; le chêne d'Irminsul, dépouillé d'écorce et chargé de sombres armures, s'élève dans le fond ; la forêt n'est éclairée que par des rayons vacillans et presque éteints, par des reflets aussi pâles que les lueurs d'une lampe sépulcrale. On voit, dans le fond, des torrens, des rochers et des cavernes. Les chênes, les noirs sapins, les ormes gigantesques étendent leurs branches touffues sur le sanctuaire que remplissent les simulacres des dieux, représentés par des pierres brutes et des troncs d'arbres grossièrement façonnés (1).

Une pierre druidique s'élève au pied du chêne d'Irminsul, un poignard est placé sur cette pierre.

SCÈNE I.

OROVÈZE, UN GAULOIS.

OROVÈZE.

Tandis que sur ces monts le combat se prolonge,
Dans la forêt sacrée appelons les Romains ;
    Livrons-leur les secrets chemins.
Au sang de Clodion que notre bras se plonge.
    Ami, sers mon ressentiment.
Rassemble les soldats qui gardent cette enceinte.

LE GAULOIS.

    Mais de venger notre loi sainte,
A l'autel d'Irminsul feront-ils le serment ?

(1) Gaule poétique, tome I.

OROVÈZE.

Vois l'arbre de nos dieux..... avec d'affreux murmures
Agitant dans la nuit ses bras chargés d'armures ;
Il accroît de ces lieux la ténébreuse horreur.
Rassemble nos amis ; je veux que sous son ombre,
Des prodiges sans nombre
Contre un peuple perfide irritent leur fureur.

SCÈNE II.

OROVÈZE (*seul*).

Air.

Divinités de la vengeance,
Qui vous désaltérez dans le sang des mortels,
Tonnez ; frappons d'intelligence
L'insolent étranger qu'attendent vos autels.

Dans le silence et le mystère
Phédora croissait sous mes yeux,
Pareille à la fleur solitaire
Dont les parfums sont pour les cieux.
Dans l'ombre où je l'avais cachée
Un perfide a bravé vos coups.
De ce cœur paternel ma fille est arrachée,
Son crime s'élève entre nous.

Divinités de la vengeance, etc.

SCÈNE III.

OROVÈZE, DRUIDES, GUERRIERS GAULOIS.

OROVÈZE.

Prêtres..... guerriers témoins de ma douleur profonde,
Reste des vieux Gaulois qui gouvernaient le monde,
On insulte des dieux les décrets éternels,
On ravit les enfans dans les bras paternels,
Et vous y consentez....

LE CHEF DES GUERRIERS.

Nous prendrons ta défense,
Nous vengerons des dieux les affronts éclatans;
Quand les Romains vaincus....

OROVÈZE.

Il ne serait plus temps!
De vos délais le ciel s'offense,
Livrons-nous aux Romains, et périssent les Francs.

LE CHEF DES GUERRIERS.

Ils combattent pour nous, ils sont avec nos frères....

OROVÈZE.

Ils sont nos plus cruels tyrans;
N'opposez point aux dieux des refus téméraires.

LE CHEF DES GUERRIERS.

Nous n'accomplirons point leur arrêt ennemi.

(*Les armes suspendues aux rameaux du chêne consacré s'entrechoquent avec un bruit sinistre.*)

OROVÈZE.

Guerriers, les armes de vos pères
Aux rameaux du chêne ont gémi.

LES GUERRIERS.

O prodige! ô terreur! les armes de nos pères,
Aux rameaux du chêne ont gémi.

OROVÈZE.

Puisque des dieux le pontife suprême,
Ordonne en vain qu'on ose les venger;
Tremblez, tremblez, ils parleront eux-mêmes:
A leur autel venez tous vous ranger.

(*Une musique sombre et terrible prépare à l'évocation. Tous les druides et les guerriers se rangent autour de l'autel.*)

OROVÈZE.

Irminsul, que ta voix annonce
Tes redoutables volontés.

CHOEUR DES GUERRIERS ET DES DRUIDES.

Prononce!

OROVÈZE.

Descends dans ces bois redoutés!

LES GUERRIERS ET LES DRUIDES.

Prononce!

OROVÈZE.

Viens nous remplir de tes clartés!

LES GUERRIERS ET LES DRUIDES.

Prononce!

OROVÈZE.

Venge tes autels insultés!

LES GUERRIERS ET LES DRUIDES.

Prononce!

(La forêt s'éclaire tout-à-coup d'une clarté magique, et, sans se consumer, les arbres deviennent autant de flambeaux dont les lueurs laissent apercevoir des dragons ailés et de hideux reptiles qui s'entrelacent aux rameaux éblouissans. Des fantômes, des larves, des spectres montrent leurs ombres sur un fond de lumières, et par intervalle une obscurité plus terrible ressaisit la forêt mystérieuse et sacrée (1).)

OROVÈZE.

Voyez dans la forêt ces prodiges de flamme.

LE CHOEUR.

Quels spectres irrités! quels prodiges de flamme!

OROVÈZE.

Irminsul réclame
L'offrande de sang;
J'entends dans mon ame
Son cri menaçant!

LE CHOEUR.

Irminsul réclame
L'offrande de sang;
J'entends dans mon ame
Son cri menaçant!

(Des bruits de chaînes se font entendre, des voix formidables retentissent dans la forêt, et des choeurs invisibles répètent tour à tour, de caverne en caverne, le cri de la vengeance.)

(1) Gaule Poétique, tome I.

CHOEURS INVISIBLES.

Vengeance, vengeance,
Sauvons nos autels!
Frappons d'intelligence
D'odieux mortels.
Vengeance, vengeance,
Sauvons nos autels!

OROVÈZE.

Plus de pitié, plus d'indulgence,
Allons sur Clodion commencer la vengeance.

TOUS LES GAULOIS.

Allons sur Clodion commencer la vengeance.

SCÈNE IV.

LES PRÉCÉDENS, PHÉDORA, LE CHOEUR DE VIERGES.

PHÉDORA.

O ciel! qu'ai-je entendu? quels excès de fureur!
Avez-vous pu former cette trame inhumaine?

OROVÈZE.

Fille indigne de moi, quel dessein te ramène
Dans un lieu dont ton crime a redoublé l'horreur?

PHÉDORA.

Oh! si jamais je vous fus chère,
Voyez mon désespoir....

OROVÈZE.

Le ciel m'exaucera.

PHÉDORA.

Mon père! ah! par mes pleurs....

OROVÈZE.

Je ne suis plus ton père.

PHÉDORA.

Prêtres saints....

LE CHOEUR ET OROVÈZE.

Qu'il périsse!

PHÉDORA.

Écoutez.

LE CHOEUR ET OROVÈZE.

Il mourra!

PHÉDORA.

A mes douleurs soyez sensibles.

LE CHOEUR ET OROVÈZE.

Jamais.

PHÉDORA.

Abandonnez ce funeste dessein!

LE CHOEUR ET OROVÈZE.

Jamais.

PHÉDORA.

Et quoi! vos dieux seront-ils inflexibles?

LE CHOEUR ET OROVÈZE.

Inflexibles!

PHÉDORA.

Qu'exigent-ils?

LE CHOEUR ET OROVÈZE.

Du sang.

PHÉDORA.

Frappez ! voilà mon sein.

OROVÈZE (*à sa fille*).

Mais toi, toi dont l'amour flétrit mes cheveux blancs,
Honte de nos climats, opprobre de ma race,
Pour un autre que toi peux-tu demander grâce ?
Tu n'échapperas pas à nos Dieux vigilans.

PHÉDORA.

Mon père !.....

OROVÈZE.

Tes douleurs aigrissent mes injures ;
Je dévoue aux Enfers la tête des parjures :
J'attache à ton front criminel
Les imprécations du courroux paternel.

(Tous les prodiges de la forêt magique recommencent jusqu'à la fin de ce dernier chœur. Le tonnerre se fait entendre.)

LE CHOEUR ET OROVÈZE.

Jurons de frapper son amant ;
Sombre Irminsul, dieu de la guerre,
Viens servir mon ressentiment.
Mais, sous mes pieds tremble la terre,
J'entends éclater le tonnerre ;
Quels spectres ! quel embrasement !
Le Dieu reçoit notre serment.

CHOEUR DES VIERGES.

Ils veulent frapper {mon / ton} amant !
Sombre Irminsul, dieu de la guerre,
Ne sers point leur ressentiment.
Mais, sous mes pieds tremble la terre,
J'entends éclater le tonnerre ;
Quels spectres ! quel embrasement !
Le Dieu reçoit l'affreux serment.

SCÈNE V.

PHÉDORA, CHOEUR DE VIERGES.

PHÉDORA.

Quels malheurs pour nous se préparent !
Mes yeux avec effroi lisent dans l'avenir !
Ces maux sont mon ouvrage et je dois m'en punir ;
Oui, j'en crois les transports qui de mon cœur s'emparent.
D'une vaine terreur je saurai m'affranchir ;
Les Dieux veulent une victime,
Leur colère est trop légitime,
Et c'est en m'immolant que je dois les fléchir.

LE CHOEUR.

O nouvelles douleurs ! ô dévoûment sublime !
A quel prix, Phédora, voulez-vous les fléchir ?

PHÉDORA.

Les voix qui m'ont parlé dans les rameaux du chêne,
M'ordonnent de quitter le jour ;
J'irai, brisant enfin ma chaîne,
Attendre Clodion dans l'immortel séjour.

Clodion ! qu'ai-je dit? un Dieu seul me réclame;
Il s'offense de mes aveux :
A l'amour d'un mortel il dispute mon ame,
Prions, mes sœurs, le ciel attend mes derniers vœux.

Hymne à trois voix.

ISULE, PHÉDORA, UNE GAULOISE.

Prenez l'offrande volontaire,
Dieux justes, qui voyez { mon cœur, / son cœur,
{ Son / Mon } sang répandu sur la terre
Doit désarmer votre rigueur ;
Déjà promise, avant { mon crime, / son crime,
Au temple saint des immortels,
Grans Dieux ! acceptez la victime
Que la mort rend à vos autels !

SCÈNE VI.

PHÉDORA, LES VIERGES, CLODION.

PHÉDORA (*prenant le poignard*).

C'en est fait, et mon bras !....

CLODION (*dans la coulisse*).

Phédora !!!...

PHÉDORA.

Quels accens !...

CLODION (*il la désarme*).

Phédora !!!... Ciel ! qu'allais-tu faire ?

PHÉDORA.

M'immoler à toi-même, à nos Dieux, à mon père !
Tes pas sont entourés de piéges menaçans ;
Fuis, laisse-moi du ciel désarmer la colère.

CLODION.

Quels piéges ? que dis-tu ? Pourquoi cette terreur ?
J'ai quitté le combat, c'est m'annoncer vainqueur.

PHÉDORA.

Crains des dangers plus grands ; fuis, ta perte est certaine ;
Fuis, laisse-moi subir mon sort,
Ces lieux ont retenti des sermens de la haine.
Mon père !.... les Gaulois !....

CLODION.

Qu'ont-ils juré ?

PHÉDORA.

Ta mort.
Vois ces feux imprévus ; c'est le signal du crime.
Ils s'avancent, je les entends ;
A leurs complots affreux dérobe la victime.

CLODION.

Rassure-toi, je les attends.

SCÈNE VII.

LES PRÉCÉDENS. DRUIDES ET GUERRIERS.

(Ils arrivent successivement.)

PREMIER CHOEUR DES DRUIDES.

Meure le couple sacrilége !
Ils sont partout enveloppés.

SECOND CHOEUR DES DRUIDES.

Meure le couple sacrilége !
Ils sont partout enveloppés.

CLODION (*le glaive à la main*).

Tremblez ! vos vœux seront trompés,
Phédora, ce fer nous protége.

PHÉDORA.

Dieux ! défendez mon bien-aimé.

CHOEUR DE GUERRIERS.

Meure le couple sacrilége !

CLODION.

Vous qui voulez mon sang, m'avez-vous désarmé ?

PHÉDORA.

Dieux ! défendez mon bien-aimé.

CLODION.

Phédora, ce fer nous protége.
Frémissez !

DRUIDES ET GUERRIERS.

Avançons.

CLODION.

Frémissez !

DRUIDES ET GUERRIERS.

Immolons
Ce couple odieux, sacrilége !

PHÉDORA.

Dieux ! défendez mon bien-aimé.

SCÈNE VIII.

LES PRÉCÉDENS, THÉOMIR, SUITE DE THÉOMIR.

UN DRUIDE (*fuyant*).

Théomir s'avance,
La mort le devance,
Cherchons un appui.

CLODION ET PHÉDORA.

Théomir!!!!

DRUIDES ET GUERRIERS (*s'élançant sur Clodion*).

Eh bien, meurs!

THÉOMIR.

Vous mourrez avant lui!
(*Le combat s'engage.*)

CHOEUR DES VIERGES.

Ciel qui vois nos larmes,
Protége nos armes,
Deviens notre appui.

(*Le combat cesse, et les deux amis reviennent vers Phédora.*)

PHÉDORA ET CLODION.

Théomir!!!

THÉOMIR.

J'ai sauvé mon frère,
Mais les momens sont chers, je tremble pour un père;
Par des perfides égaré,
Au plus affreux trépas, peut-être il est livré.

CLODION.

Il est protégé par ta gloire.

PHÉDORA ET THÉOMIR.

Allons de Pharamond implorer la pitié.

CHOEUR DE FRANCS (*dans la coulisse*).

Victoire à Pharamond, victoire!

THÉOMIR ET PHÉDORA.	CLODION ET LE CHOEUR.
Du vainqueur on chante la gloire. Allons implorer sa pitié.	Il est protégé par ta gloire, Par ta gloire et par l'amitié.

CHOEUR DE FRANCS (*dans la coulisse*).

Victoire à Pharamond, victoire!

SCÈNE IX.

(Le Théâtre représente la tente de Pharamond. Des guerriers francs remplissent la scène.)

Choeur de Guerriers.

Victoire à Pharamond, victoire!
Les filles des Romains pleurent loin de ces bords.
Les vautours dévorans baignés au sang des morts
De ce jour immortel garderont la mémoire!
Victoire à Pharamond, victoire.

SCÈNE X.

LES PRÉCÉDENS, PHARAMOND, LES GAULOIS.

PHARAMOND. (*Entrée triomphale.*)

Les Romains sont vaincus. De ces maîtres du monde,
L'aigle superbe a fui devant nos bataillons;

On ne les verra plus peupler leur cirque immonde,
Des captifs enlevés à vos riches sillons;
Bientôt j'oserai plus, croyez-en ma parole,
Brennus nous a du Tibre enseigné le chemin,
Et le fer qui chargeait sa main
A grossi la rançon des dieux du Capitole.
Brisons leur joug ensanglanté,
Effaçons leur nom de la terre;
Chez une nation trcp long-temps tributaire,
Que la victoire enfin fonde la liberté.

(*S'adressant aux Gaulois*).

Guerriers, un traître et ses complices
Ont voulu nous livrer à nos fiers ennemis;
Aux mains de Pharamond qu'ils soient soudain remis.

TOUS LES GAULOIS (*montrant Orovèze qu'on amène enchaîné*).

On vient de les saisir, ordonne leur supplice.

SCÈNE XI.

LES PRÉCÉDENS, CLODION, THÉOMIR, PHÉDORA, OROVÈZE ET SES COMPLICES ENCHAÎNÉS.

PHÉDORA ET THÉOMIR (*à Orovèze*).

Mon père!!!....

CLODION (*d'une voix suppliante*).

Pharamond!!!....

OROVÈZE (*à ses enfans.*)

Le jour m'est odieux,
Vous avez trahi ma vieillesse;
N'attendez de mon cœur ni remords ni faiblesse;
Il est beau de mourir lorsqu'on meurt pour ses dieux.

LES GAULOIS (*à Pharamond*).

Frappez, on vous les abandonne;
Leur crime les condamne.

PHARAMOND.

Et moi je leur pardonne.

OROVÈZE.

Qu'entends-je?

PHARAMOND.

Je n'ai plus d'ennemis parmi vous,
Sur le champ de bataille ils sont demeurés tous.

OROVÈZE.

Tant de grandeur me confond et m'étonne.

TOUS LES GUERRIERS.

O clémence!

PHARAMOND.

Gaulois, plus de ressentiment,
Je n'abuserai pas du droit de mes conquêtes;
Et Pharamond, dans ce moment,
N'est qu'un guerrier de plus qui se mêle à vos fêtes.
Orovèze, écoutez: mon fils, sujet des lois,
A ses engagemens ne veut pas se soustraire;
Voulez-vous, après tant d'exploits,
Qu'il s'unisse à la sœur ou combatte le frère?

THÉOMIR (*à Orovèze*).

Mon père!....

PHARAMOND.

Prononcez.

OROVÈZE (*à Pharamond*).

Je tombe à tes genoux.
De mes ressentimens j'abjure la démence ;
Fameux par son grand nom, fameux par sa clémence,
Pharamond doit régner sur nous.

TOUS LES GAULOIS.

Pharamond doit régner sur nous.

OROVÈZE (*à Pharamond*).

Que l'hymen de ton fils, gage heureux d'espérance,
Unisse la Gaule à la France.

LE CHEF DES GAULOIS.

Le ciel même a pris soin de consacrer tes droits ;
Ton fils nous protégea de la lance et du glaive.
Sur le pavois sacré que notre amour t'élève ;
Sois le chef immortel d'une race de rois.

PHARAMOND.

Vous couronnez les fils qui de moi doivent naître ;
Je monterai sur le pavois,
Afin que tremblant à ma voix,
L'ennemi de plus loin puisse me reconnaître.
Vos vœux seront remplis : la sainte royauté,
Comme un chêne vainqueur des âges,
Sous ses pacifiques ombrages
Gardera de vos lois le dépôt respecté :

A vous protéger assidue,
Qu'elle unisse à jamais des peuples triomphans;
Au passé l'avenir, aux pères les enfans,
Qu'elle ressemble aux Dieux dont elle est descendue.

(Pharamond est élevé sur le pavois, les jeunes filles balancent des palmes autour de lui; les Francs, mêlés aux Gaulois, exécutent des danses guerrières; et toutes les harpes des Bardes se font entendre pendant que CLODION, THÉOMIR, PHÉDORA et tous les guerriers chantent en chœur.)

Ensemble.

Vive le roi! vive le roi!
Deux peuples divisés naguère,
N'auront, réunis sous ta loi,
Qu'un cri d'amour, qu'un cri de guerre;
Vive le roi! vive le roi!

(A peine ces vers ont été chantés qu'on entend dans les airs la musique qui annonce l'apparition du génie céleste.)

PHARAMOND (*du haut du pavois*).

Quelle ravissante harmonie
Descend du haut du ciel de splendeur éclatant?
J'aperçois du divin génie,
La lance d'or, le casque et le drapeau flottant.
Oui, je le reconnais, il plane sur nos têtes.

(L'ange de la France qui a conduit Pharamond des forêts de la Germanie jusque sur les bords de la Seine, paraît dans un nuage.)

L'ANGE DE LA FRANCE (*à Pharamond*).

Tes destins sont remplis... sois fier de tes conquêtes,
Un empire fameux commence sous tes lois;
La victoire unissant les Francs et les Gaulois,
T'invite à ses brillantes fêtes.

Le Dieu qu'adoreront tes fils,
Veille sur toi du haut des lumineux parvis,
Je viens de sa faveur t'apporter l'assurance;
Et dans les profondeurs des cieux
Je viens dévoiler à tes yeux,
Les monarques futurs qu'il réserve à la France.

(Au signe de l'ange de la France, le ciel s'ouvre et laisse voir avec tous leurs attributs les rois les plus illustres de la monarchie française; le peuple et les guerriers s'inclinent devant l'éblouissante apparition.)

TOUS ENSEMBLE.

O céleste prodige! ô spectacle enchanté!
Famille de héros, recevez nos hommages;
Prosternons-nous devant ces augustes images,
Qui rayonnent de gloire et d'immortalité.

(La toile tombe.)

FIN.

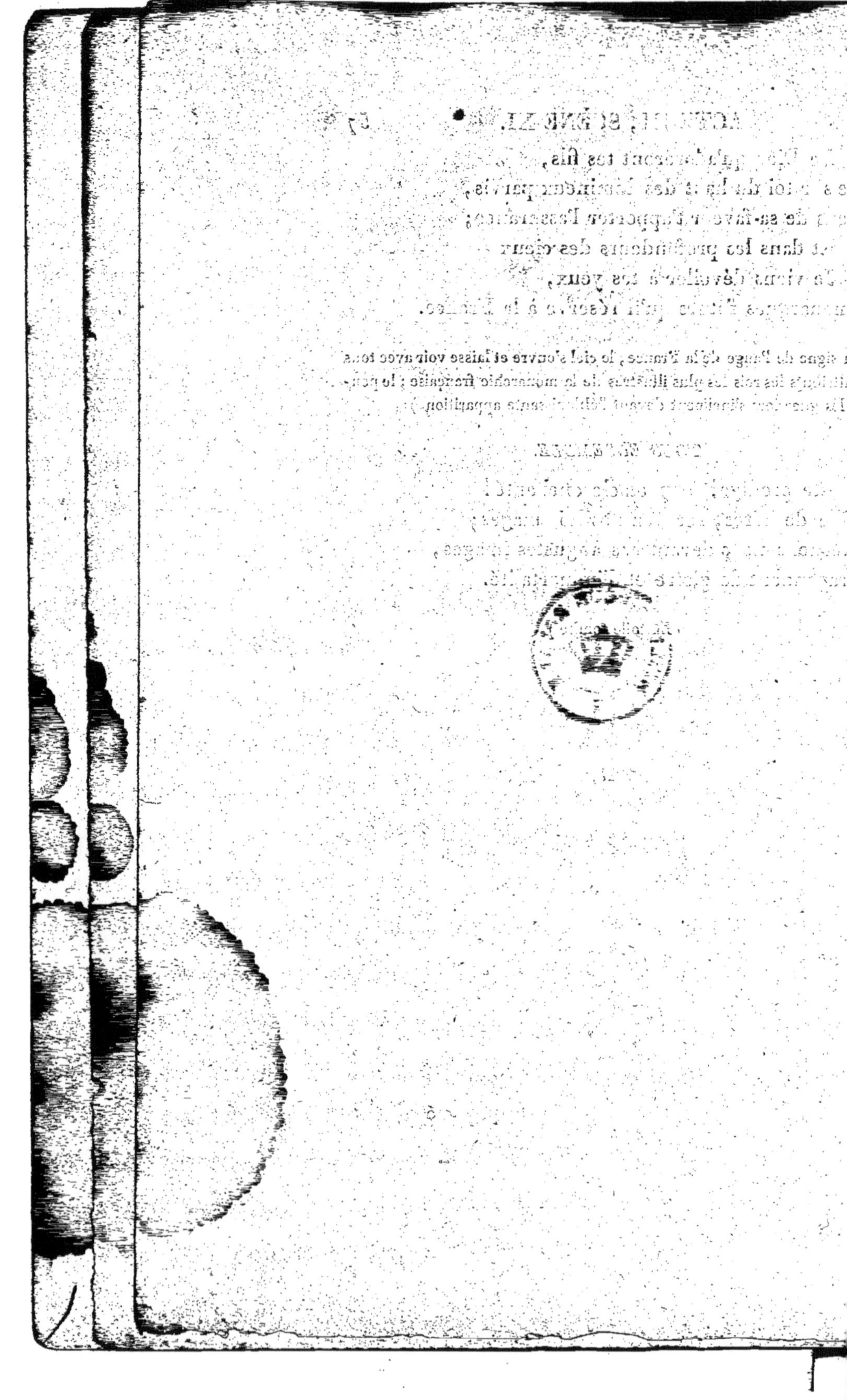

www.ingramcontent.com/pod-product-compliance
Ingram Content Group UK Ltd.
Pitfield, Milton Keynes, MK11 3LW, UK
UKHW020344250726
13967UKWH00005B/2100

9 782013 095211